Dandara Costa

São Cipriano
Magias e Amarrações

Copyright © 2024 Editora Rochaverá Ltda. para a presente edição,
todos os direitos reservados para a Editora Rochaverá Ltda. Nenhuma parte desta edição pode ser utilizada ou reproduzida por qualquer método ou processo sem a expressa autorização da editora.

Título
São Cipriano

Magias e Amarrações

Autores
Dandara Costa

Revisão
Claudia Souto / Fábio Galasso

Capa
Fábio Galasso

Edição e Diagramação
Fábio Galasso

Internacional Standard Book Number
ISBN: 978-65-00-90841-1 / 64 páginas

São Cipriano, Magias e Amarrações

ADVENTENCIA!

Sobre Rituais e feitiços

Uma condição imposta pelo diabo à Cipriano quando fizeram pacto, era que: Jamais, sob hipótese alguma se deveria ingerir sal. Porque o sal desencanta todo tipo de feitiçaria e bruxaria. Sendo assim, ninguém poderá obter algum efeito mágico quando se trata de energias densas, ingerindo sal, ou coisas ácidas. E também sob a luz do sol, também não se pode operar com o magistral poder das trevas.

Todo aquele que souber lidar com os Poderes dos abismos e compreender um dos significados de: " Solve et Coagula", será capaz de realizar as artes mágicas da escuridão sem erros. Imagine, por exemplo, uma lesma, ela é um plasma grosso, quando jogamos sal sobre ela, essa derrete; e também ela não pode andar sob a luz do dia, sendo ela, um exemplo orgânico claro sobre essa questão.

Deve-se compreender que a magia e os encantos mágicos da escuridão não plasmam em uma atmosfera salina ou ácida, porém, se coagulam rapidamente em um ambiente alcalino e escuro, por isso, a maioria das magias devem ser realizadas no anoitecer. Aquele que compreender isso, será capaz de produzir verdadeiros milagres com a "magia negra", ou "caminho de esquerda", para todo e qualquer fim.

PARTE I

Advertências e Orientação Para quem Deseja tornar-se Feiticeiro

Quem quiser se tornar bruxo e feiticeiro deve se comprometer com os estudos do ocultismo e passar por um período de iniciação que exige extrema dedicação e devoção do indivíduo, pois o ocultismo é extremamente perigoso para aqueles que não conhecem exatamente o tamanho do mal que podem estar em suas mãos. Outro ponto importante seria a pessoa assumir um novo nome adequado à função de feiticeiro, pois o campo oculto atua sobre códigos e um nome também é um código; compreenda que jamais um demônio lhe apresentará a sua verdadeira face, assim como o seu verdadeiro nome.

Sendo assim, o feiticeiro jamais se utilizará de seu verdadeiro nome, não porque exista algo em "obscuro" entre o feiticeiro e os demônios, mas porque ambos campos atuam na extrema confiança sobre a moral e o caráter de quem está do outro lado; sendo assim, os nomes e as faces não importam pois o caráter da obediência de quem irá atuar junto ao oculto é ainda mais importante do que a figura de quem se apresenta.

Isso é comum nas escolas primárias. O homem morre no velho mundo e renasce no seu novo mundo sendo apenas a essência e não um nome ou uma matéria carnal. Mas isso acontece desde a antiguidade, por exemplo no Egito e entre os hebreus, sabe-se que Abrão mudou de nome para Abraão que trazia o significado do plano divino para ele.

Sobre o Local

Quem deseja fazer rituais deve saber organizar e preparar o local onde serão realizadas as atividades ocultistas. Prepare um local para sua atividade onde outras pessoas nunca possam usá-lo para outra coisa que não seja magia é a principal atividade. Este local pode ser um quarto preparado especificamente para os rituais, também pode ser uma tenda ou um quarto isolado, mas com a condição única de apenas o feiticeiro poder entrar.

Tendo o local já consagrado para iniciar os ritos ocultos e sagrados o feiticeiro deve abster-se do ciclo da lua crescente, da companhia de mulheres, da carne e da bebida, com a intenção de permanecer com o corpo limpo. Quando o mês começa cheio, coma apenas duas vezes ao dia, ou seja, a cada 2 horas durante o referido trimestre do mês, durante o qual você se come às sete da manhã e às sete da noite. É necessário dormir o mínimo possível durante todo o trimestre do mês, não mais que seis horas. Durante este período, você deve ler a seguinte oração antes de cada refeição.

Oração Contra Maus Espíritos

*Sinal da Cruz

"Dominum nostrum Jesum Christum, Filium Dei, exaudi orationem meam. Purissima Spiritus Iesu fuit, est et erit, omnis victorem omnium adversaries et impugnatores, et omnes qui credunt in Christum Jesum. Iesus Christus dominatur. Iesus Christus dominatur. Iesus Christus regnat in saecula saeculorum. Amen!"

Aviso Para quem Deseja Fazer Rituais, porém ainda seja iniciante nas invocações demoníacas.

Aqui temos algumas práticas das artes ocultas de Cipriano, contendo fórmulas antigas e perigosas quem não tem formação sacerdotal ou iniciação em alguma arte de mistérios. A utilização destas práticas e fórmulas pressupõe que o leitor tenha alguma compreensão, caso contrário o espírito encantado penetrará no mago, ou seja, o mesmo poderá ser obsediado e este espírito o fará comer sua carne. Porque os demônios não respeitam quem não conhece magia ao mesmo tempo que os usa para fazer o mal. Considerando que o feitiço possui informações suficientes para se proteger e evitar uma possível tragédia consigo mesmo. Escolha o demônio, seu dia e hora astrológica para o feitiço. Consagre o círculo e escreva os santos nomes na testa, no peito, nos braços e nas mãos. Dessa forma você está livre de um possível ataque de algum demônio em caso de alguma falha sua no momento da execução das magias. Lembrando sempre que esses tipos de criaturas estão sempre em busca de vingança, pois possuem uma sede louca de vingança e penas de curiosidade ou desafios banais, que não seja por um objetivo real, caso isso aconteça a destruição será certa porque eles não perdoarão quem ousar perturbá-los com desejos bobos.

Antes de iniciar qualquer ritual faça um círculo com giz ou carvão consagrado para que esteja protegido de forças e energias desconhecidas que o queira contra-atacar caso demonstre fraqueza ou inabilidade frente ao que esteja fazendo.

Orientação aos religiosos e feiticeiros sobre os rituais sagrados

É importante saber que nem todo ritual é sagrado e nem todo aquele que atua no sagrado está em busca de ritos e ações sagradas para fazer o bem. Antes de iniciar suas atividades tenham em mente o que se deseja fazer e o porque, se aquilo que deseja trará benefícios para si mesmo e para os demais a sua volta, pois as leis do retorno buscam devolver a cada um o que lhe é devido por merecimento, uma vez que o plantio é livre, porém a colheita é obrigatória e a lei do retorno atua sobre aqueles que a colheita vem das mãos dos ceifadores.

Quem foi Cipriano?

De codinome "Feiticeiro", seu nome verdadeiro era Tascius Caecilius Cyprianus. Segundo as histórias e lendas, acredita-se que ele tenha nascido no ano de 250 d.C, em Chipre e vivido da Antioquia- região da Ásia que hoje pertence à Turquia.

Na época, essa região era conhecida pelos hábitos devassos e depravados da maioria de seus habitantes que viviam em busca de prazeres mundanos e feitiçarias, regozijando-se a deuses pagão e extravagantes oferendas de animais aos demônios. Seus costumes eram tão baixos que por inúmeras vezes chegaram a causar grande preocupação às administrações imperiais de Roma e seus governantes.

Nascido em uma família rica e de crenças pagãs assim como a maioria dos religiosos daquela cidade, ele seguiu os caminhos da feitiçaria e das ciências ocultas em busca de conhecimento, poder e admiração através das magias negras.

Segundo as histórias, aos 7 anos ele já era considerado um jovem mago que conseguia invocar ventos e trovões, e também como formar tempestades marítimas e terrestres já demonstrando seu domínio de poderes ocultos. Na fase adulta, foi um homem que viajou por muitos países, como Egito e Grécia, aprendendo e ensinando feitiçaria e magias. Aos trinta anos decidiu ir para a Babilônia para conhecer a cultura oculta dos Caldeus.

A Vida Oculta de Cipriano

Este homem que ficou conhecido posteriormente como o Bruxo, nasceu na cidade de Antióquia. Antioquia era uma cidade antiga erguida na margem esquerda do rio Orontes na Turquia, entre a Síria e a antiga Arábia. Foi nesta cidade que, quando o Cristianismo era apenas uma pequena seita religiosa, Paulo pregou o seu primeiro sermão numa sinagoga, e foi também ali que os seguidores de Jesus foram chamados de Cristãos pela primeira vez, conforma as histórias.

Seus pais observando a paciência e o dom para com as pessoas o destinaram para o sacerdócio aos deuses pagão, assim como era o costume. Logo ele aprendeu e praticava com tamanha maestria rituais de sacrifícios e ofertas aos deuses de maneira que nem um outro podia fazer.

Filho de Edeso, (pai), e Cledónia, (mae), Cipriano nutria uma verdadeira vocação e gosto pelos estudos místicos e religiosos. Então, dedicou a sua vida ao estudo das ciências ocultas e de mistérios, então, ficou conhecido pelo nome de o «feiticeiro». Cipriano alcançou grande fama e o seu nome foi reconhecido enquanto um poderoso feiticeiro, capaz de grandes prodígios

Por volta dos trinta anos de idade Cipriano fez uma viagem a Babilônia para aprender numerologia, rituais e os mistérios dos antigos caldeus, assim aumentando seu conhecimento e pratica sobre magias e mistérios ocultos. Foi nesta época em que ganhou ainda mais conhecimento e fontes de magias e poder em relação aos demônios e crenças diabólicas daquele povo e região.

Mas ao mesmo tempo em que buscava conhecer os segredos e as formas de comunicação com os deuses e mistérios espirituais através de rituais sagrados Cipriano mantinha uma vida desregrada cheia de abusos, libertinagem, prazeres mundanos e totalmente desregrada para um sacerdote.

PARTE II

Rezas, preces, conjuros e magias para conquistar e para o amor

Poderosa fórmula para uma moça conquistar um homem e casar com ele

Este elixir é o mesmo que Cipriano empregou em Neckar, filha do Xá da Pérsia, e fez grande sucesso, Cipriano, para prepará-lo levou cinco anos de estudos e experiências, matou um gato preto virgem, com os olhos verdes, cortou-lhe o rabo e o pôs sobre as brasas, dizendo:

Oh tu, gato protetor dos mágicos, deves obedecer ao meu mundo.

Depois, as orelhas enterrou-as a cinco pés embaixo da terra, e antes de cobri-las disse:

Devem ser dois os namorados que tu protegerás.

Depois arrancou os olhos com todo o cuidado e botou-os em uma caldeira com 5 litros de água apanhada à meia-noite em uma fonte cristalina, e com fogo de 250 graus fez ferver 24 horas seguidas à mesma temperatura, colocando em seguida o resíduo deste liquido em um prato para esfriar, e durante 5 noites seguida, à meia-noite em ponto, levou o prato ao luar, e fez a seguinte prece:

Lúcifer, fazei com que eu consiga o meu intento com este Elixir que vos ofereço.

Observação:

Quando se faz este Elixir deve-se ter sempre em mente o seu fim, pois que, em caso contrário, não se obtém o efeito desejado.

Prece a Santa Catarina para uma mulher conquistar o coração de um homem

Formosíssima Santa Catarina, tu que dominaste com a tua só presença os cinqüenta mil homens da casa do Padre Santuário, dá-me a tua proteção para que eu possa dominar apenas um homem, que é fulano (aqui se diz o nome do homem desejado). Santa Catarina, formosa e pura, padroeira das mulheres novas e solteiras, abrandai o coração de fulano (aqui se diz o nome do homem desejado), para que ele só pense em mim, deseje a mim, e não se interesse por outra mulher que não eu. Se ele estiver comendo, que não coma; se estiver bebendo, que não beba; se estiver dormindo, que não durma, enquanto não vier a mim e não falar comigo.

Fulano (aqui se diz o nome do homem desejado), pelo poder e encanto de Santa Catarina, tenho-te subjugado aqui sob o meu pé esquerdo; e nunca mais pensará noutra mulher enquanto debaixo do meu pé esquerdo estiveres.

ORAÇÕES DE SÃO CIPRIANO PARA FINS AMOROSOS

Antes de iniciar toda e qualquer oração de São Cipriano para fim amoroso deve-se fazer diante de uma vela branca acesa, pois este será como um portal que vibrará energia a pessoa em que se deseja alcançar, assim como recomendam os feiticeiros

Ritual:

Procure um local apropriado, de preferência limpo e que não entrem outras pessoas até que o mesmo seja finalizado. Com a ajuda de uma pemba branca, desenhe uma estrela de cinco pontas de mais ou menos 20 centímetros. Em cada ponta das pontas desta estrela faça um desenho conforme se ensina: Na ponta de cima faça uma cruz, ao meio à sua direita e esquerda faça uma pequena estrela em cada uma das pontas, a baixo a sua esquerda faça um sol a sua direita faça uma meia lua, esse serão os sinais místicos que irão lhe proteger espiritualmente irradiando energias de proteção contra energias ruins e lhe tornando neutro contra os maus espíritos.

Dentro da estrela maior coloque um pequeno pote branco de barro ou louça coloque um papel escrito a mão com seu nome e o nome da pessoa amada por baixo, e derrame cinzas ou carvão; ascenda uma vela branca no meio da ponta de cima onde se encontra a cruz e deixe queimar.

Oração de São Cipriano para trazer a pessoa amada

Cipriano, feiticeiro e cristão, justo e ímpio, conhecedor e dominante em suas artes religiosas, neste momento te invoco, de corpo, alma e vida para a realização de meus objetivos. Que todas as forças superiores, a Santíssima Trindade, forças do mar, do ar, do fogo, da natureza e do Universo para que faças cair em meus braços (fale o nome da pessoa amada) e fique presa a mim (fale Seu Nome) e na minha mão, amoroso, carinhoso, fiel, sincero, leal e honesto. (fale o nome da pessoa amada) que da minha mão você jamais escape. Que debaixo deste imenso poder, tu (fale o Nome da Pessoa Amada) não possas comer, nem beber, nem dormir, nem descansar, nem trabalhar, nem estar em parte alguma do mundo, sem que esteja em minha companhia.

Ó Cabra preta Milagrosa que no monte subiu, traga até mim (Fale o nome da pessoa amada) que dentro do seu coração, seu pensamento, sua mente, não possa agüentar de solidão e se volte para mim como uma cordeiro manso e dócil, que será carregado debaixo de meu pé esquerdo com todo amor.

Que assim seja, amém.

Oração alguém te procurar

Esta Oração deve ser feita em um dia de lua cheia numa sexta-feira a noite com um livro aberto na mão direita (qualquer livro de preferência de romance) e uma maçã bem vermelha na outra, coloque uma folha de louro com os nomes de vocês escrito com lápis no meio do livro e deixe até sumir.

Deve-se recitar esta prece

Ó São Cipriano, Ó São Cipriano, Ó São Cipriano! Procuro tua ajuda, a ajuda de quem sabe, de quem viveu e de quem aprendeu para conseguir um amor bem agarrado a mim bem desesperado!

Quero ter (nome da pessoa) em meus braços agora mesmo, quero ele bem desesperado, sem conseguir controlar suas emoções por mim. Quero ele bem agarrado e bem dependente de tudo o que faço.

Ó São Cipriano, Ó São Cipriano, Ó São Cipriano! Com os teus poderes vais fazer com que (nome da pessoa) não consiga viver sem mim, vais fazer com que ele não consiga dormir sem mim, com que ele não consiga ser feliz sem mim.

Faz com que (nome da pessoa) fique tão agarrado a mim que nem sequer consiga pensar noutra coisa a não ser na minha forte e poderosa pessoa.

Poderoso São Cipriano, não deixes que nada nem ninguém consiga interferir na nossa relação e afasta toda a gente que não deixa que (nome da pessoa) fique completamente desesperado por me procurar.

Faz com que (nome da pessoa) não durma sem me procurar, faz com que ele não coma sem me procurar, faz com que ele não consiga nem sequer andar sem me procurar.

Oração para trazer o amor de volta

Esta oração deve ser rezada diante de uma vela branca nas segundas ou sextas-feiras durante sete semanas consecutivas, e deve ser feita sempre no mesmo horário de preferência ao final do dia (início do anoitecer)

Jamais se esqueça de consagrar cada vela ao santo e bruxo São Cipriano para ter o amor de volta.

Deve-se recitar esta prece

"Pelos poderes de São Cipriano e das três malhas que vigiam São Cipriano, (nome da pessoa) virá agora e imediatamente atrás de mim. (Nome da pessoa) vais vir de rastos, apaixonado, cheio de amor, de tesão por mim, vais voltar para mim e pedires-me perdão o mais rápido possível.

São Cipriano, fazei com que (nome da pessoa) esqueça e deixe de vez qualquer outra mulher que possa estar em seu pensamento, só a mim amando. São Cipriano afastai de (nome da pessoa) qualquer mulher, que ele me procure a todo momento, hoje e agora, desejando estar ao meu lado, que ele tenha a certeza de que sou a única mulher da vida dele.

São Cipriano, fazei com que (nome da pessoa) não possa viver sem mim, que não possa sossegar nem descansar, em parte alguma consiga estar, sem que tenha sempre a minha imagem em seu pensamento, e em seu coração, em todos os momentos. Que ao deitar, comigo tenha de sonhar, que ao acordar, imediatamente em mim tenha de pensar, só a mim possa desejar, e apenas comigo queira estar.

Peço-te meu glorioso São Cipriano para que (nome da pessoa) volte para mim, para o nosso namoro, nosso amor, nosso casamento, o mais breve possível. Peço isso do fundo do meu coração, aos poderes das três malhas pretas que vigiam São Cipriano."

Para amolecer o coração de alguém

Obs.: Antes de fazer esta oração, pede--se colocar um copo com água e uma vela branca acima da cabeça de quem irá fazer esta oração, deixe a vela queimar até o final o copo com água deixe por 2 noites, na terceira noite jogue em água corrente

Antes de iniciar rezar (R.P.N.)

1 – É a casa santa em Betleheim onde Christo nasceu.

2 – São as tábuas em que Moisés recebeu a Lei que governava os judeus.

3 – São os Cravos da Paixão de Christo.

4 – São os evangelhos.

5 - Pelas chagas de Nosso Senhor e seu sofrimento na cruz.

6 - Pelos primeiros selos que o Cordeiro abriu no apocalipse.

7 - Pelas cartas que São João no apocalipse escreveu às 7 igrejas da Asia.

8 - Pelas epístolas de São Paulo.

9 - Pelos coros dos anjos que ascenderam aos céus.

10 - Pelos mandamentos da Lei de Moisés.

11 - Pelas almas puras e castas nos céus.

12 - Pelos santos apóstolos.

13 - Pelos reis que tudo quebram e amansam, assim hei de quebrar e amansar o coração de (nome da pessoa amada) para mim. Assim foi e assim será.

Elixir do gato preto para casos de amor

Para prender alguém

Quando um gato preto estiver com a gata da mesma cor, isto é, quando ligados pela cópula carnal, é preciso ter então uma tesoura pronta a lhes cortar um bocado de pelo, do gato e da gata. Depois de cortados, misturar esses pelos e queimá-los com alecrim do norte; depois, pegar as cinzas e deitá-las dentro de um vidro com um pouco de sal amoníaco; tapar bem o vidro para conservar-se este espírito sempre muito forte. Depois em uma noite de lua cheia, pegar no vidro com a mão direita e dizer as seguintes palavras:

— *Pelos, com a minha própria mão fostes queimados, com uma tesoura de aço fostes do gato e da gata cortados, toda pessoa que cheirar esta cinza comigo se há de encontrar. Isto pelo poder de Deus e de Maria Santíssima. Quando Deus deixar de ser Deus é que tudo isso me há de faltar — e para golão, traga matão, vai do pato Chião e Molitão.*

Logo que tudo isso esteja cumprido fica o vidro com uma força de feitiço, mágica e encanto. Quando lhe ocorrer o desejo por uma pessoa basta destampar o vidro e sob qualquer pretexto lhe dar a cheirar.

Feito isto tira o vidro da algibeira e diz com toda a seriedade:

Visão onírica de Cipriano; sua fantasia de mente comandada pelo megalo mania leva-o a pensar ele próprio um todo poderoso que tudo quer e comanda, acima do bem e do mal, fluídos magnéticos escapam das extremidades dos dedos: Ora transformam, ora criam hediondos fantasmas.

- Quer ver cheiro tão agradável?

Ora, como em geral as pessoas são bastante curiosas, cheiram imediatamente o conteúdo do vidro, e, então, o objetivo será alcançado. Dessa forma pode-se cativar todas as pessoas que se deseje. Deve-se notar que este encanto tanta virtude encerra, fazendo-o o homem à mulher, como a mulher ao homem.

Magia do cão preto para se fazer amar

Com um cão preto pode-se fazer uma feitiçaria das mais fortes.

Faça-se da seguinte maneira:

Cortem-se as pestanas de um cão preto, cortem-lhe as unhas, cortem-lhe um bocado de pelo do rabo, juntam-se estas três coisas e queimam-se com alecrim do norte.

Depois de tudo isto reduzido a cinzas recolham-nas dentro de um vidro bem tampado com uma rolha de cortiça, pelo espaço de nove dias, no fim dos quais está pronto o feitiço.

Modo de se aplicar: Quando homem ou mulher deseje amar alguém e não o consegue por qualquer motivo. Deve-se pegar uma pitada da cinza e misturar com uma porção de tabaco e fazer um cigarro, o qual deve ser dos mais fortes; quando estiver falando com a dita pessoa a quem deseja enfeitiçar, jogar-lhe umas fumaças; logo verá que essa pessoa fica enfeitiçada. Deve-se fazer por três vezes, ou cinco, sete, nove ou mais, sempre um número ímpar.

Sendo pessoa que não fume, deve-se proceder da seguinte maneira: Em um boneco de pano com o nome da pessoa a quem se deseja enfeitiçar, coloca-se um pouco da cinza, depois um fio de retrós verde deve ser enrolado em volta do dito vudu, dizendo as seguintes palavras:

(Primeiro diz-se o nome da pessoa a quem se deseja enfeitiçar.)

— *Eu te prendo e te amarro com as cadeias de São Pedro e de São Paulo, para que tu não tenhas sossego nem descanso em parte alguma do mundo, debaixo da pena de obediência a preceitos superiores.*

Ditas estas palavras, nove vezes, está finalmente a pessoa enfeitiçada.

Magia da pomba para conquistar

Toma-se um coração de um pombinho virgem e faça-se engolir por uma cobra.

A cobra, no fim de mais ou menos o mesmo tempo, virá a morrer. Tome-se a cabeça dela e seque-se no borralho sobre uma chapa de ferro bem quente, em fogo brando.

Depois reduza-a a pó, pisando-a num almofariz, depois de lhe haver juntado algumas gotas de láudano, e quando se quiser usar da receita esfregue-se as mãos com uma parte deste preparo.

Bruxedo do sapo para obrigar a amar contra vontade

Falando da sua vida de feiticeiro, Cipriano diz que a razão por que o sapo tem grande força mágica e de enfeitiçar é porque o demônio tem parte com ele, por ser a comida que Lúcifer dá às almas que estão no inferno. Por este motivo, é que se pode fazer com o sapo todo tipo de feitiçaria imaginável, conforme aqui se explica.

Agarra um sapo do maiores que conseguir, depois de pegá-lo com a mão direita e passá-lo por debaixo do ventre cinco vezes, deves dizer as seguintes palavras:

"Sapo, sapinho, assim como eu te passo por debaixo do meu ventre, assim (fulano) não terá sossego nem descanso enquanto para mim não se virar com todo o seu coração, corpo, alma e vida".

Depois de se dizer as palavras acima, pega-se uma agulha das mais finas, enfia-lhe um fio de retrós verde e cosem-se os olhos do sapo, de modo que não ofenda a menina do olho, do contrário fica cega a pessoa a quem se quer enfeitiçar. Só se cose a pele de fora dos olhos, reunindo a de baixo à de cima, de maneira que o sapo fica com os olhos escondidos, sem ser maltratado.

Assim o ser amado não terá mais olhos para outras pessoas, apenas para você que o prendeu e cerrou os olhos para outras pessoas.

Bruxedo do sapo para fazer casamento

Facilmente a namorada o obrigará a casar-se com ela, na maior brevidade possível.

Apanhar um objeto do namorado (ou namorada) e atá-lo em volta da barriga de um sapo. Depois de feita essa primeira operação, amarrar os pés do sapo com uma fita vermelha. Depois, coloque-o dentro de uma panela com terra misturada com leite de vaca. Depois de feitas todas as operações, dizer as seguintes palavras com o rosto sobre a panela:

"Fulano, assim como eu tenho este sapo preso dentro desta panela, sem que possa ver sol nem lua, assim tu não verás mais mulher alguma, nem casada, nem solteira, nem viúva; Só terás o pensamento em mim, e assim como este sapo tem

as pernas presas, assim tu terás as tuas e não possas dar passadas senão para a minha porta; e assim como este sapo vive dentro desta panela, consumido e mortificado, tal qual viverás tu, enquanto comigo não casares".

Logo pronunciadas as palavras acima, tampar a panela muito bem tampada, para que o sapo não veja a claridade do dia; depois, quando der certo, soltar o sapo no mato, de maneira que ele não seja molestado, do contrário fica molestada a pessoa a quem se fez o feitiço.

Bruxedo do sapo para apressar casamento

Prende-se um sapo preto e ata-lhe em volta da barriga qualquer objeto do namorado (ou da namorada) com duas fitas, uma escarlate e outra preta; coloca-se depois o sapo na panela de barro e proferem-se estas palavras com a boca na tampa da panela,

"Fulano (o nome da pessoa), se amares a outra que não a mim, ou dirigires a outras os teus pensamentos, ao diabo, a quem consagrei a minha sorte, peço que te encerre no mundo das aflições, como acabo de aqui fechar este sapo, e que de lá não saias senão para unir-te a mim, que te amo de todo o meu coração".

Proferidas estas palavras, tampa-se bem a panela, refrescando o sapo todos os dias com um pouco de água e no dia em que o casamento se ajustar solta-se o bicho junto de algum brejo, com toda a cautela, porque se o maltratarem, o casamento, por muito bom que tivesse de ser, tornar-se-á intolerável; será uma união desgraçada tanto para o marido como para a mulher.

Feitiço do mocho para mulher cativar o homem

O mocho é o animal agoureiro por excelência, e por este fato não se deve evocar sem terem decorridos seis meses depois de ter morrido qualquer pessoa da família, do contrário pode-lhe aparecer a figura do parente. A mulher poderá usar desta receita, que é provada, porém deve estar no seu perfeito estado físico, isto é, quando lhe tiverem desaparecido as regras pelo me nos há quatro dias.

Obter-se um mocho de papo branco e vesti-lo de flanela, de forma que só o pescoço fique de fora, por espaço de 13 dias, e depois do dia 3, que é fatídico, corte o pescoço de um só golpe, sobre um cepo, e meta-se a cabeça em álcool até o dia 13 do mês seguinte. Chegando este dia, corta o bico e queima-se junto com carvão que serviu para fazer a ceia da pessoa a quem se quer prender.

Nessa ocasião os dois olhos do mocho devem estar ao pé do fogão ou fogareiro, um de cada lado, e a mulher que fizer tal operação deve abanar o lume com um abano feito da fralda da camisa com a qual tenha dormido pelo menos cinco dias.

É necessário advertir que esta operação deve ser feita de joelhos, dizendo a oração seguinte:

"Pelas chagas de Cristo, juro que não tenho motivo de queixa de (fulano), e se faço isto é pelo muito amor que lhe consagro e para que não tome afeição a outra mulher".

Isto feito, deve-se fazer toda diligência para que o homem não desconfie do responso e durma sossegado, e o feitiço produza o efeito que Cipriano sempre tirou com esta prática.

Como enfeitiçar uma pessoa com que deseja casar

Você vai precisar de:

Sete rosas vermelhas

Uma garrafa de mel

Uma vela vermelha, Leva-se tudo a uma encruzilhada, onde as rosas são colocadas. Abre-se o mel e acende-se a vela, dizendo: "Fulano (o nome da pessoa com quem se quer casar), assim como as rosas são rubras, rubro será o seu coração para mim.

"Fulano, assim como o mel é doce você sentirá doce a minha voz e o meu amor. Fulano, assim como eu acendo esta luz, ilumino o caminho para você chegar até mim".

Feito isso espere 3 dias e vá procurar a pessoa amada.

Exorcismo para trazer de volta uma pessoa

Este exorcismo é muito forte e precisa ser feito com a segurança de uma vela branca acesa para o seu anjo da guarda. Este ritual de exorcismo deve ser feito numa sexta-feira, numa hora aberta, pois são estas as horas mais próprias para este tipo de ritual. Ao se posicionar de costas para uma janela, se posicione em direção ao céu com um punhal novo na mão esquerda e uma vela preta acesa na direita, repita este conjuro por sete dias consecutivos. Ao final deixe a vela em uma encruzilhada ou estrada.

"Niger capræ miracula quæ ascenderunt in montem (NN) adducite mihi quis manus mea evanuit. (NN) Sicut gallus cantet, mugiti asino,

rugiti hircus tinniant campanis. Sicut tu ambulabit post me. Sicut Caiphas Satanas Pharabras et quod Magnum Infernus, quæ faciet omnia essere gubernatus, facite ille (NN) veniet ad me quomodo agnum et claustro sub sinistram pede mea. (NN) Pecunia nihil mihi deerit in manu, cum site nec me, nec te nos autem non in finem. Nec me, nec te missus et gladium non veniet super nos. Inimicus meus non videbis me. Niger capræ mirabilis, vinco pugna cum potentia tua. (NN) Cum duo video te! Cum tria claustro te! Caiphas judica te! Lucifer ordina te! Baalzebuth hic vocat te!"

Este ritual deve ser falado em latim, para que se estabeleça uma conexão com espíritos arcaicos que abrirão os portais que receberão os seus desejos.

Feitiço para moças que desejam casar

Este feitiço deve ser feito por moças que já tenham um pretendente. Antes de iniciar o conjuro, deve-se segurar uma vela branca imaculada na mão direita

Segurai um retrato daquele a quem estais amando e desejais para marido, e dizei as seguintes palavras:

"Fulano (nome dele), São Manso te amanse, e o manso Cordeiro também, para que não bebas, nem comas, nem descanses, enquanto meu legítimo companheiro não fores."

Direis essa oração seis dias seguidos, e é tradição que, no sexto dia, virá o eleito fazer da mulher a sua esposa.

Feitiço da cobra para prender alguém

Capturai uma cobra fêmea, logo depois que a ela tenham nascido as crias. Dai-lhe o nome da mulher que pretendeis dominar, e mantendo- a presa durante treze dias. À meia noite de cada um desses dias, dizei a ela as seguintes palavras, como se estivésseis falando com a mulher: "Completo domínio tenho sobre ti, fulana; e tu me hás de obedecer em tudo quanto te mandar fazer, e isto enquanto viveres tu e eu". Logo que disserdes isto na última vez (isto é: na décima terceira noite), levai a cobra para o bosque mais distante que puder, e soltai-a lá.

Feitiço de amarração para os homens serem obrigados a casar com as amantes

Pegue 26 folhas de erva santa Luzia e, depois de cozidas em seis litros de água pura, mete em uma garrafa branca bem arrolhada, até que no fundo façam alguns farrapos, e sobre o gargalo dessa garrafa reza a seguinte oração:

"Ó santa luzia, que sarai os olhos, livrai--nos de escolhidos, de noite e de dia; ó santa luzia, bendita sejais, por serdes bendita, no céu descansais".

Depois se tira um sete de um baralho de cartas e põe-se em cima uma garrafa, dizendo:

"Em nome do pai, do filho e do espírito santo, te imploro, embora, a que assim como essa carta está segura, assim eu tenha segurado por

toda a vida (fulano), a quem amo de todo o coração, e peço-vos senhora que façais com que ele me leve à igreja, nossa mãe e de cristo senhor nosso".

Rezando em seguida uma coroa a nossa senhora, a mulher pode ter a certeza do que o seu amante a leva ao altar de deus e lhe dará as felicidades compatíveis com os seus haveres. é preciso conservar a carta debaixo da garrafa até o dia do casamento.

Para fechar o corpo aos inimigos

"Salvo estou, salvo estarei, salvo entrei, salvo sairei, são e salvo como entrou nosso senhor Jesus Cristo no rio Jordão com São João Batista. Na protecção de São Cipriano eu entro, com as chaves de São Pedro eu me tranco. A São Cipriano eu me entrego, com as três palavras do credo Deus me fecha aos inimigos. Deus na minha frente, a paz de Deus na minha guia, que Deus seja minha companhia, o divino Espírito Santo ilumine os meus caminhos, me livrando de todo mal e inimigos que possam se opor no meu caminho, que as sete forças do credo fechem meu corpo. São Cipriano me proteja. Amem!

Oração a Santo Antônio

Meu glorioso Santo Antônio, com sua força bendita, ajudai-me nesta jornada, para que eu possa conseguir (NN) ; com seu cordão de prata, que traz em sua cintura, prender o que eu desejo, até que venhaa minhas mãos, sem prejudicar os meus irmãos. Mesmo com minhas necessidades, mostrai-me o caminho a seguir, na vontade de Deus. Se estiver em meu caminho alguma cilada, desmanchai-a e o mal quenele estiver seja por vós destruído, com a permissão do Pai, pelo vossopoder e merecimento, meu glorioso Santo Antônio. Assim seja.

Oração pelos bons espíritos

Sai, alma cristã, deste mundo, em nome de Deus Pai Todo Poderoso, que te criou; em nome de Deus vivo, que por ti padeceu; em nome do Espírito Santo, que copiosamente se te comunicou. Aparta-te deste corpo ou lugar em que estás, porque Deus te recebe no seu reino; Jesus, ouve a minha oração e sê meu amparo, como é amparo dos santos, anjos e arcanjos; dos tronos e dominações, dos querubins e serafins; dos Profetas, dos santos Apóstolos e dos Evangelistas; dos santos Mártires, Confessores, Monges, Religiosos e Eremitas; das santas Virgens e esposas de Jesus Cristo e de todos os santos e santas de Deus, o qual se digne dar-te lugar de descanso, e goze da paz eterna na cidade santa da celestial Sião, onde o louves por todos os séculos.

Amém.

Bibliografia

ANÔNIMO. São Cipriano – O Bruxo – Capa Preta. Pallas.

MOLINA, N.A. São Cipriano – Feiticeiro da Antioquia. Editora Espiritualista.

VIZEU, Adérito Perdigão. São Cipriano (Capa Preta) Antigo e Verdadeiro Livro Gigante de São Cipriano – Extraído do Flor Sanctorum.

EDITORA ROCHAVERÁ

Rua Manoel Dias do Campo, 224 – Vila Santa Maria – São Paulo – SP - CEP: 02564-010

Tel.: (11) 3951-0458

WhatsApp: (11) 98065-2263

comercial@editorarochavera.com.br

Instagram: @LivrariaRochaverá

www.editorarochavera.com.br